MAJOR LEAGUE SPORTS

LAS LIGAS MAYORES

I0799629

MLS
LA MLS

A Crabtree Branches Book
Un libro de Las Ramas de Crabtree

B. Keith Davidson
Translated by / Traducción de Santiago Ochoa

Crabtree Publishing
crabtreebooks.com

School-to-Home Support for Caregivers and Teachers

This high-interest book is designed to motivate striving students with engaging topics while building fluency, vocabulary, and an interest in reading. Here are a few questions and activities to help the reader build upon his or her comprehension skills.

Before Reading:

- *What do I think this book is about?*
- *What do I know about this topic?*
- *What do I want to learn about this topic?*
- *Why am I reading this book?*

During Reading:

- *I wonder why...*
- *I'm curious to know...*
- *How is this like something I already know?*
- *What have I learned so far?*

After Reading:

- *What was the author trying to teach me?*
- *What are some details?*
- *How did the photographs and captions help me understand more?*
- *Read the book again and look for the vocabulary words.*
- *What questions do I still have?*

Extension Activities:

- *What was your favorite part of the book? Write a paragraph on it.*
- *Draw a picture of your favorite thing you learned from the book.*

Apoyos de la escuela a los hogares para cuidadores y maestros

Este libro de gran interés está diseñado con temas atractivos para motivar a los estudiantes, a la vez que fomenta la fluidez, el vocabulario y el interés por la lectura. Las siguientes son algunas preguntas y actividades que ayudarán al lector a desarrollar sus habilidades de comprensión.

Antes de leer:

- *¿De qué creo que trata este libro?*
- *¿Qué sé sobre este tema?*
- *¿Qué quiero aprender sobre este tema?*
- *¿Por qué estoy leyendo este libro?*

Durante la lectura:

- *Me pregunto por qué...*
- *Tengo curiosidad por saber...*
- *¿En qué se parece esto a algo que ya conozco?*
- *¿Qué he aprendido hasta ahora?*

Después de la lectura:

- *¿Qué intentaba enseñarme el autor?*
- *¿Qué detalles recuerdo?*
- *¿Cómo me han ayudado las fotografías y los pies de foto a comprender mejor el libro?*
- *Vuelvo a leer el libro y busco las palabras del vocabulario.*
- *¿Qué preguntas me quedan?*

Actividades de extensión:

- *¿Cuál fue tu parte favorita del libro? Escribe un párrafo al respecto.*
- *Haz un dibujo de lo que más te gustó del libro.*

TABLE OF CONTENTS

ÍNDICE

ALL YOU NEED IS A BALL

TODO LO QUE NECESITAS ES UN BALÓN

Soccer is one of the most popular sports in the world. It's also a sport almost anyone can play—all you need is a ball, a bit of space, and something to mark off a goal. Perhaps it's the simplicity that has people calling it the "beautiful game."

El fútbol es uno de los deportes más populares del mundo. También es un deporte que casi cualquier persona puede practicar: solo se necesita un balón, un poco de espacio y algo para marcar una portería. Tal vez sea la simplicidad lo que hace que la gente lo llame «el juego bonito».

Soccer, or football, is believed to have developed from the ball games played by the ancient Greeks and Romans.

Se cree que el soccer, o fútbol, se desarrolló a partir de los juegos de pelota practicados por los antiguos griegos y romanos.

SOCCER—A MAJOR SPORT?

EL FÚTBOL, ¿UN DEPORTE DE LIGAS MAYORES?

There are four major sports in North America: football, basketball, baseball, and hockey. For a long time, it didn't seem like soccer was going to break through into this market. Thanks to Olympic success and the spread of youth soccer leagues, Major League Soccer (**MLS**) has taken off in North America.

En Estados Unidos y Canadá hay cuatro deportes principales: el fútbol americano, el baloncesto, el béisbol y el hockey. Durante mucho tiempo, no parecía que el fútbol fuera a abrirse paso en este mercado. Gracias al éxito olímpico y a la difusión de las ligas de fútbol juvenil, la Major League Soccer (**MLS**) ha despegado en Estados Unidos y Canadá.

FUN FACT

Freddy Adu, at the age of 14, became the youngest pro athlete in history when he joined the DC United team in 2004. He scored five goals that year.

UN DATO DIVERTIDO

Freddy Adu, con 14 años, se convirtió en el futbolista profesional más joven de la historia cuando se incorporó al equipo DC United en 2004. Ese año marcó cinco goles.

IT'S ALL IN THE LEGS

TODO ESTÁ EN LAS PIERNAS

There are many different kicks in soccer and each one has a name. For example, the heel kick is used for short passes. From the impressive bicycle kick to the fancy footwork of the keepy-uppy, soccer moves require players to use only their feet, thighs, and head—no hands!

Hay muchas formas de patear el balón en el fútbol y cada una tiene un nombre. Por ejemplo, el taco se utiliza para los pases cortos. Desde la impresionante chilena hasta el elegante «toque de rodilla», los movimientos del fútbol requieren que los jugadores utilicen únicamente los pies, los muslos y la cabeza, ¡pero no las manos!

bicycle kick

chilena

keepy-uppy

toques de rodilla

heel kick

taco

MIDFIELD
EL MEDIOCAMPISTA

Midfielders play between the forwards and the defense. Their job is to be a passer and **playmaker**, while always being ready to provide defense. Cristian Roldan and Alexandru Mitrita are well-known for their skills as midfielders.

Los mediocampistas juegan entre los delanteros y la defensa. Su trabajo consiste en ser pasadores y **creadores de jugadas**; al mismo tiempo, tienen que estar siempre listos para defender. Cristian Roldán y Alexandru Mitrita son conocidos por sus habilidades como mediocampistas.

Alexandru Mitrita

This diagram shows the players in the areas they are responsible for protecting. In a game, they move up and down the field following the play.

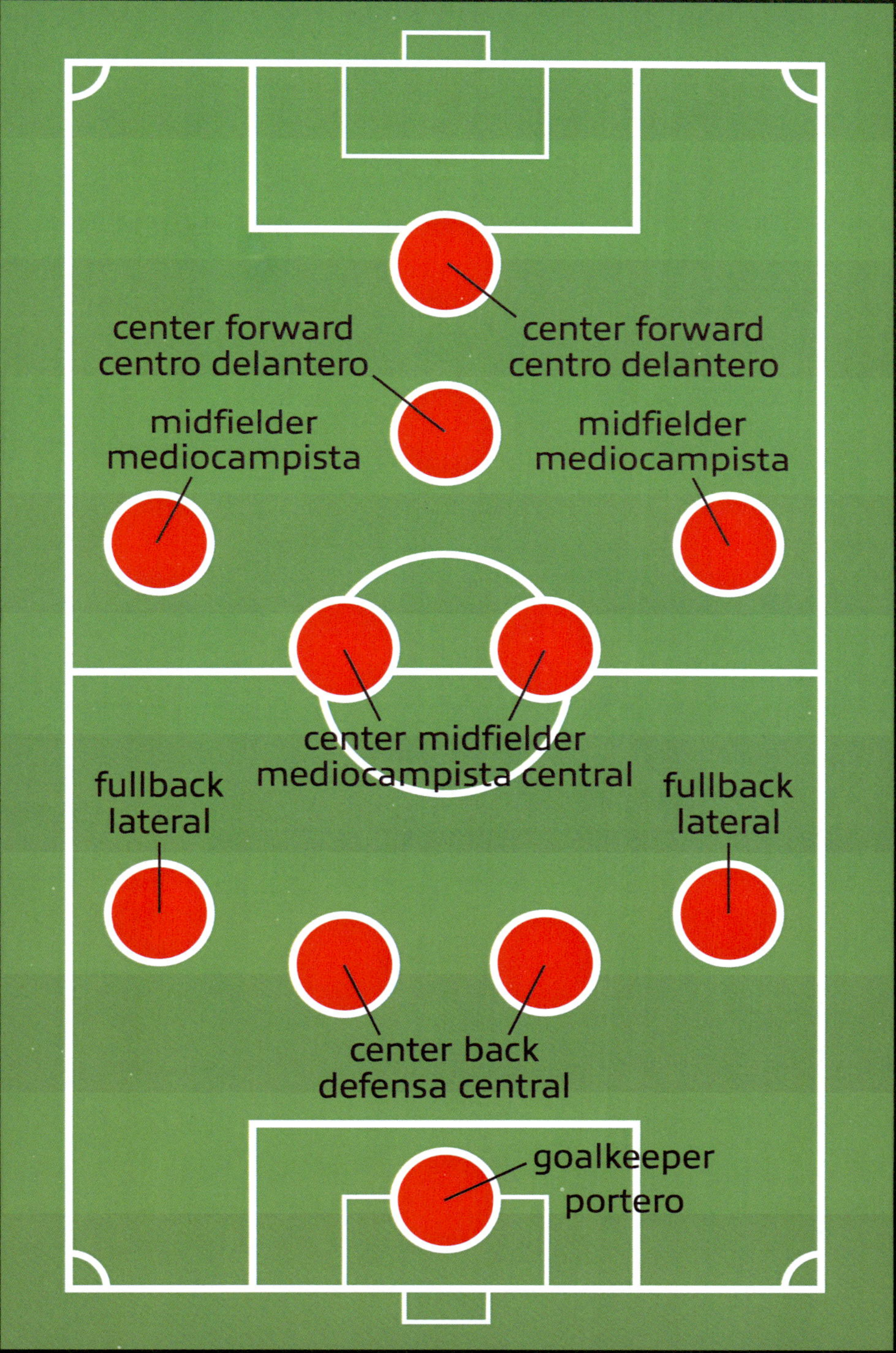

Este diagrama muestra a los jugadores en las zonas que son responsables de proteger. En un partido, se mueven arriba y abajo del campo siguiendo las jugadas y al balón.

DEFENSE
LA DEFENSA

From the kickoff, fullbacks focus on defending. They do not score a lot of goals, but their skill shows through in a low scoring game. They must be able to block the opposing forwards, take the ball, and then quickly get the ball moving towards the other team's goal.

Desde el saque inicial del partido, los laterales se centran en defender. No marcan muchos goles pero demuestran su habilidad evitando anotaciones del rival. Deben ser capaces de bloquear a los delanteros contrarios, tomar el balón y enviarlo rápidamente hacia la portería del otro equipo.

YouTubeTV

BMO

MOVING FORWARD

AVANZANDO A LA DELANTERA

Forwards, also known as strikers, have the job of scoring goals. The biggest moment for a forward may be the corner kick, where everyone rushes the net to get a foot or head on the ball.

Los delanteros tienen la misión de anotar goles. El momento más importante para un delantero puede ser el tiro de esquina, en el que todos se acercan a la portería para darle al balón con el pie o la cabeza.

Chris Wondoloski

Sean Davis

FUN FACT

Chris Wondoloski is the league's all-time leading goal scorer with 166 goals.

UN DATO DIVERTIDO

Chris Wondoloski es el máximo goleador de la liga, con 166 goles.

THE KEEPER
EL PORTERO

Always trying to guard that far post, a soccer goalkeeper has more net to worry about than any other sport's goalie. It may not seem fair to expect one person to guard that much net, but they are the only player allowed to use their hands.

El portero de fútbol soccer, que siempre trata de proteger el segundo palo, tiene más red de la que preocuparse que los porteros de otros deportes. Puede parecer injusto esperar que una sola persona proteja un área tan grande, pero es el único jugador al que se le permite usar las manos.

FUN FACT

Sixteen is the record for most **shutouts** in a season. It was set by Tony Meola when he played for the Kansas City Wizards.

UN DATO DIVERTIDO

Dieciséis es el récord de partidos sin recibir gol o **valla invicta** en una temporada. Lo estableció Tony Meola cuando jugaba en los Kansas City Wizards.

SHOOTOUT!

TANDA DE PENALTIS

Many soccer games end in ties. A tie is settled by a shootout—one of the most nerve-racking and exciting situations in soccer. The goals come fast and furious, but when a goalkeeper makes a save, you can bet that it will be spectacular.

Muchos partidos de fútbol terminan en empate. Los empates se resuelven en una tanda de penaltis, una de las situaciones más angustiosas y emocionantes del fútbol. Los goles son rápidos y furiosos, pero cuando un portero hace una atajada, puedes apostar que será espectacular.

Carlos Vela holds the record for most goals in a single season with 34.

Carlos Vela tiene el récord de más goles en una sola temporada, con 34.

REFEREES
LOS ÁRBITROS

The referee makes sure the players follow the rules. Break a rule and the referee will call a foul, or hold up a card. A yellow card is a warning—the player gets to stay in the game. Serious fouls receive a red card and the player is out of the game.

El árbitro se asegura de que los jugadores respeten las reglas. Si incumplen alguna, el árbitro pitará una falta o mostrará una tarjeta. Una tarjeta amarilla es una advertencia: el jugador puede seguir jugando. Las faltas graves reciben una tarjeta roja y el jugador debe salir del campo de juego.

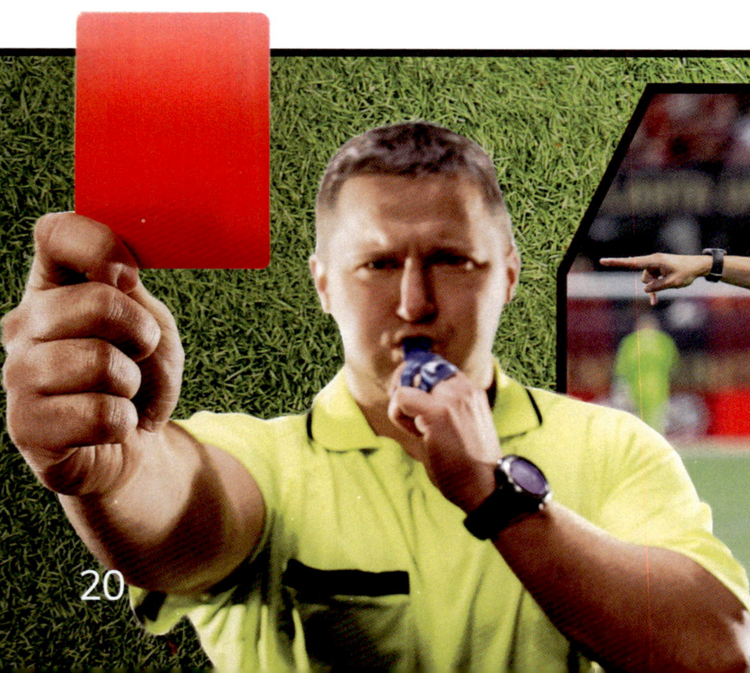

A second yellow card in a game is an automatic red card—the player is out.

Una segunda tarjeta amarilla en un partido se convierte automáticamente en una tarjeta roja: el jugador queda expulsado.

THE MLS CUP
LA COPA MLS

After a 34-game season that starts in March and ends in October, the post-season playoffs begin. The league's top 18 teams play single games, elimination style, until there are only two teams left. These two teams play one last match for the MLS Cup.

Tras una temporada de 34 partidos, que comienza en marzo y termina en octubre, dan inicio las eliminatorias de postemporada. Los mejores 18 equipos de la liga juegan partidos de eliminación directa, hasta que solo quedan dos. Estos dos equipos juegan un último partido por la Copa MLS.

The first MLS Cup was won by DC United in 1996.

La primera Copa MLS la ganó el DC United en 1996.

Atlanta United celebrate winning the MLS Cup in 2018.

El Atlanta United celebra la obtención de la Copa MLS en 2018.

The Seattle Sounders won the Western Conference championship trophy in an MLS playoff match against Minnesota United, December 7, 2020. The Sounders went to the cup final, but were beaten 3-0 by South Carolina's Columbus Crew.

Los Seattle Sounders ganaron el trofeo del campeonato de la Conferencia Oeste en un partido de eliminatorias de la MLS contra el Minnesota United, el 7 de diciembre de 2020. Los Sounders llegaron a la final de la copa, pero fueron derrotados 3-0 por el Columbus Crew de Carolina del Sur.

FUN FACT

In 1996 when the MLS started there were 10 teams. Currently, there are 27 teams. In 2022, Charlotte FC will join the league. Sacramento Republic and St. Louis City SC will be added in 2023.

UN DATO DIVERTIDO

En 1996, cuando comenzó la MLS, había 10 equipos. Actualmente, hay 27. En 2022, el Charlotte FC se unirá a la liga. Sacramento Republic y St. Louis City SC lo harán en 2023.

DAVID BECKHAM

CAREER **2007-2012**
CARRERA DE **2007 A 2012**

POSITION:
MIDFIELDER
POSICIÓN:
MEDIOCAMPISTA

GAMES PLAYED PARTIDOS JUGADOS	98
GOALS GOLES	91
ASSISTS ASISTENCIAS	40
MINUTES PLAYED MINUTOS JUGADOS	8,066

ANDRE BLAKE

CAREER **2014-PRESENT**
CARRERA DE **2014 A LA FECHA**

POSITION: GOALKEEPER
POSICIÓN: PORTERO

GAMES PLAYED PARTIDOS JUGADOS	145
SAVES ATAJADAS	460
RECORD / RECORD DE:	
WINS / TRIUNFOS	59
LOSSES / DERROTAS	54
TIES / EMPATES	32
MINUTES PLAYED MINUTOS JUGADOS	13,013

LANDON DONOVAN

CAREER **2001-2016**
CARRERA DE **2001 A 2016**

POSITION:
MIDFIELDER
POSICIÓN:
MEDIOCAMPISTA

GAMES PLAYED / PARTIDOS JUGADOS	340
GOALS / GOLES	145
ASSISTS / ASISTENCIAS	136
MINUTES PLAYED / MINUTOS JUGADOS	28,898

CHRIS WONDOLOWSKI

CAREER 2005-PRESENT
CARRERA DE 2005 A LA FECHA

POSITION:
FORWARD
POSICIÓN:
DELANTERO

GAMES PLAYED PARTIDOS JUGADOS	381
GOALS GOLES	166
ASSISTS ASISTENCIAS	42
MINUTES PLAYED MINUTOS JUGADOS	28,491

THE MLS
LA MLS

The MLS is not on top of the soccer world. The English Premier League, Bundesliga, and leagues all over Europe get more attention, but this scrappy little soccer league is gaining a reputation for tough play and determination.

La MLS no está en la cima del mundo del fútbol. La Premier League inglesa, la Bundesliga y las ligas de toda Europa acaparan la atención, pero esta pequeña liga de fútbol se está ganando una buena reputación por su juego duro y su determinación.

The MLS is inspiring the next generation of soccer stars on this side of the Atlantic.

La MLS está inspirando a la próxima generación de estrellas del fútbol en este lado del Atlántico.

FUN FACT

The LA Galaxy have more regular season wins than any team playing in the MLS. They also have the most MLS Cup wins with five.

UN DATO DIVERTIDO

El LA Galaxy tiene más victorias en la temporada regular que cualquier otro equipo de la MLS. También es el que más copas de la MLS ha ganado: cinco en total.

GLOSSARY

bicycle kick (BYE-si-kuhl KIK): A difficult kick performed while player is horizontal in midair

corner kick (KOR-nur KIK): A kick awarded to the offensive team after the defensive team kicked the ball out of play

far post (FAR POHST): The goal post that is farthest from the player with the ball

foul (FOWL): An action in sports that is against the rules

heel kick (HEEL KIK): A kick performed by kicking the ball backwards with the heel

kickoff (KIK-off): The kick of a ball that begins the action in a game

MLS (EM-EL-ESS): Major League Soccer, a men's professional soccer league in North America

playmaker (PLAY-may-kur): An offensive player often involved in passing moves that lead to goals

shootout (SHOOT-out): A method of deciding a winner in which five players from each team take shots at getting the most balls in the net

shutouts (SHUHT-outs): Games in which one team prevents the other from scoring any points

GLOSARIO

chilena: Una patada difícil que se realiza mientras el jugador está en posición horizontal y en el aire.

creadores de jugadas: Jugadores ofensivos que suelen generar movimientos o pases que terminan en goles.

falta: Acción deportiva que va en contra de las reglas.

MLS: Por sus siglas en inglés: Major League Soccer. Es la liga masculina de fútbol profesional de Estados Unidos y Canadá.

saque inicial: La patada al balón que da inicio a la acción en un partido.

segundo palo: El poste de la portería que está más lejos del jugador que tiene el balón.

taco: Patada que se realiza golpeando al balón hacia atrás con el talón.

tanda de penaltis: Método para decidir quién será el equipo ganador, en el que cinco jugadores de cada equipo intentan meter el mayor número de balones en la red.

tiro de esquina: Lanzamiento concedido al equipo ofensivo después de que el equipo defensivo haya pateado el balón fuera de la cancha.

valla invicta: Partidos en los que un equipo no se deja meter ningún gol.

INDEX

ÍNDICE ANALÍTICO

COOL FACTS:

In 2007, David Beckham became the first "designated player" when he signed with the LA Galaxy. A designated player can be paid much more than the salary cap allows—not a bad position to be in.

Nineteen wins is the longest streak that a team has ever put together. The Columbus Crew did it in 2004-05. The FC Dallas repeated the feat in 2010.

The MetroStars hold the record for longest losing streak with 12 games, back in 1999.

DATOS CURIOSOS:

En 2007, David Beckham se convirtió en el primer «jugador designado» cuando firmó con el LA Galaxy. Un jugador designado puede cobrar mucho más de lo que permite el tope salarial, lo que no está nada mal.

Diecinueve victorias es la racha más larga que ha tenido un equipo. El Columbus Crew la consiguió en 2004–05. El FC Dallas repitió la hazaña en 2010.

Los MetroStars batieron el récord al mayor número de derrotas seguidas con 12 partidos, en 1999.

WEBSITES FOR MORE COOL FACTS:
SITIOS WEB CON MÁS DATOS CURIOSOS (PÁGINAS EN INGLÉS):

www.dkfindout.com/us/sports/soccer

www.cbc.ca/kidscbc2/games/new-soccer

https://kidskonnect.com/sports/soccer

ABOUT THE AUTHOR

B. Keith Davidson grew up playing with his three brothers and a host of neighborhood children, learning about life through sports and physical activity. He now teaches these games to his three children.

ACERCA DEL AUTOR

B. Keith Davidson creció jugando con sus tres hermanos y un montón de niños de su barrio; aprendió de la vida a través del deporte y la actividad física. Ahora enseña estos juegos a sus tres hijos.

Crabtree Publishing

crabtreebooks.com 800.387.7650

Copyright © 2025 Crabtree Publishing

Print edition in English produced for Crabtree Publishing by BDE in 2022. All rights reserved. No part of this publication may be reproduced, stored in a retrieval system or be transmitted in any form or by any means, electronic, mechanical, photocopying, recording, or otherwise, without the prior written permission of Crabtree Publishing.

Todos los derechos reservados. Ninguna parte de esta publicación puede reproducirse, almacenarse en un sistema de recuperación de datos o transmitirse, de ninguna forma o por ningún medio, sea electrónico, mecánico, por fotocopia, magnético o cualquier otro, sin la autorización previa y por escrito de Crabtree Publishing.

Written by/Escrito por: B. Keith Davidson
Designer/Diseñadora: Jennifer Dydyk
Editor/Editora: Tracy Nelson Maurer
Proofreader/Correctora de pruebas: Melissa Boyce
Translated by/Traducción de: Santiago Ochoa
Spanish-language copyediting and proofreading/ Maquetación y corrección en español: Base Tres
Coordinador de producción/Production manager: Candice Campbell

Hardcover	978-1-0398-6925-7
Paperback	978-1-0398-6904-2
Ebook (pdf)	978-1-0398-6946-2
Epub	978-1-0398-6967-7

Library and Archives Canada Cataloguing in Publication
Available at the Library and Archives Canada

Library of Congress Cataloging-in-Publication Data
Available at the Library of Congress

Published in Canada
Publicado en Canadá
Crabtree Publishing
616 Welland Avenue
St. Catharines, Ontario
L2M 5V6

Published in the United States
Publicado en los Estados Unidos
Crabtree Publishing
347 Fifth Avenue
Suite 1402-145
New York, NY 10016

We recognize that some words, team names, and designations, for example, mentioned herein are the property of the trademark holder. We use them for identification purposes only. This is not an official publication.

Reconocemos que algunas palabras, nombres de equipos y denominaciones, por ejemplo, mencionados en este libro, son propiedad del titular de la marca. Las usamos únicamente con propósitos de identificación. Esta no es una publicación oficial.

Photographs/Fotografías: COVER: top photo © Shutterstock.com/ Vasyl Shulga, players © John Raoux / Associated Press, PG 4: ©istock.com/Natee127, PG 5: ©istock.com/JerryPDX, ©istock.com/jacoblund, PG 6: © Gianni Tonazzini | Dreamstime.com, PG 7: ©Jarrett Campbell-Cary, North Carolina. creativecommons.org/licenses/by/2.0/deed.en, PG 8: ©shutterstock.com/Leonard Zhukovsky, PG 9: ©R. Gino Santa Maria/Shutterfree, Llc | Dreamstime.com, ©shutterstock.com/RTimages (top), PG 10: ©shutterstock.com/lev radin, PG 11: ©shutterstock.com/kckate16, PG 12: ©shutterstock.com/Jamie Lamor Thompson, PG13: ©shutterstock.com/Keeton Gale (top), © Marty Jean Louis| Dreamstime.com, PG 14: ©shutterstock.com/lev radin, PG 15: ©shutterstock.com/ lev radin (top), ©Jeff Mulvihill Jr. /Associated Press, PG 16: ©shutterstock.com/lev radin, PG 17: ©shutterstock.com/lev radin (all), PG 18: ©shutterstock.com/lev radin, PG 19: © shutterstock.com/lev radin, PG 20: ©shutterstock.com/ Jamie Lamor Thompson (top), ©shutterstock.com/ Eugene Onischenko, PG 21: © shutterstock.com/lev radin, ©shutterstock.com/ 9dream studio (inset), PG 22: © shutterstock.com/lev radin, PG 23: ©Ted S. Warren/Associated Press, PG 24: ©shutterstock.com/Photo Works, PG 25: © Marty Jean Louis | Dreamstime.com, PG 26: ©shutterstock.com/Photo Works, PG 27: ©Jeff Mulvihill Jr. /Associated Press, PG 28: istock.com/fotokostic, PG 29: ©shutterstock.com/betto rodrigues

Printed in the U.S.A./CP052026